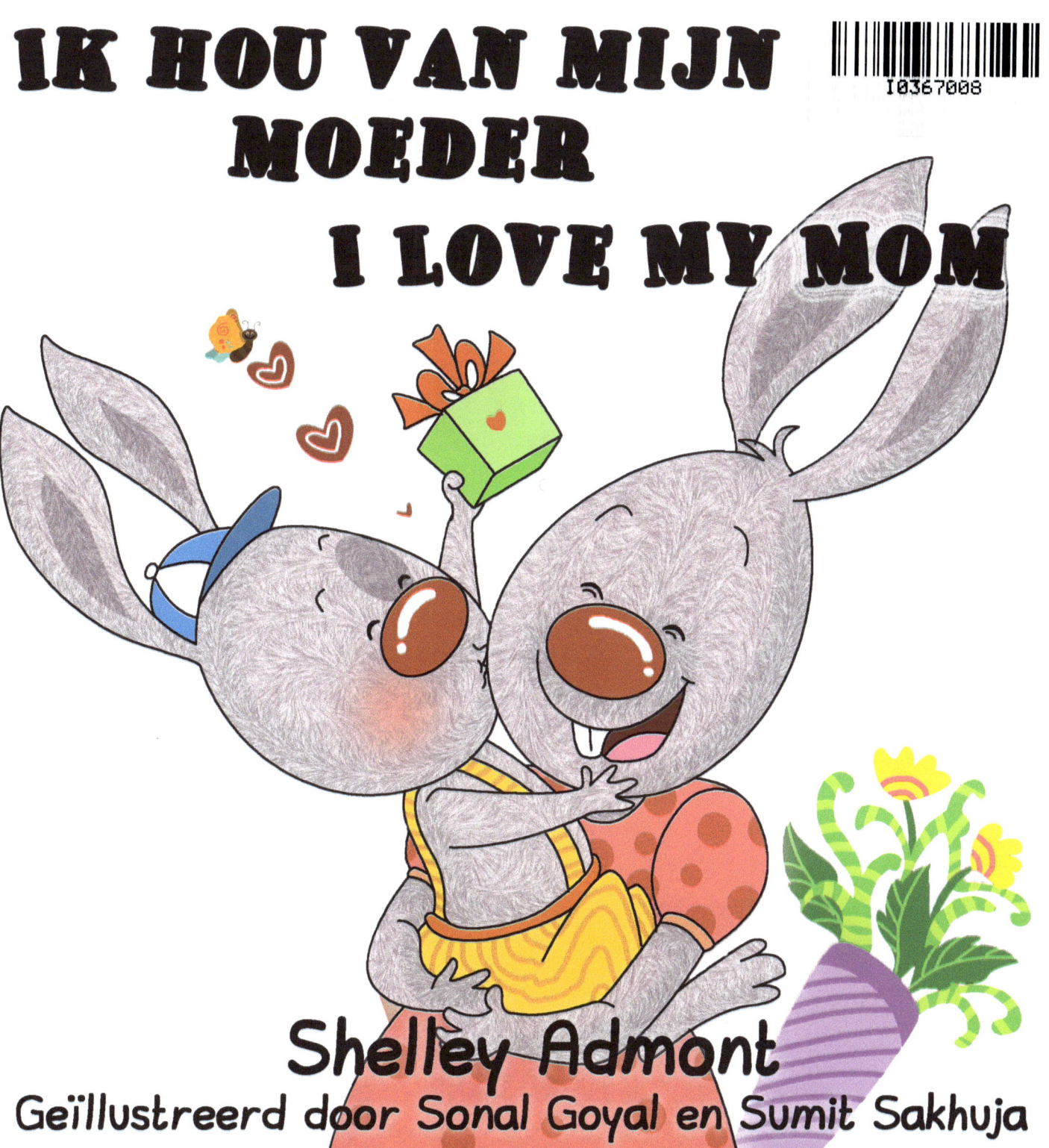

www.sachildrensbooks.com
Copyright©2014 by S.A. Publishing
innans@gmail.com

All rights reserved. No part of this book may be reproduced in any form or by any electronic or mechanical means, including information storage and retrieval systems, without written permission from the publisher or author, except in the case of a reviewer, who may quote brief passages embodied in critical articles or in a review.

Alle rechten voorbehouden. Niets uit deze uitgave mag worden verveelvoudigd, opgeslagen in een geautomatiseerd gegevensbestand, of openbaar gemaakt, in enige vorm of op enige wijze, hetzij elektronisch, mechanisch, door printouts, kopieën, of op welke andere manier dan ook, zonder voorafgaande schriftelijke toestemming van de uitgever.

First edition, 2016

Translated from English by Marcella Oleman

Vertaald uit het Engels door Marcella Oleman

I Love My Mom (Dutch English Bilingual Edition)/ Shelley Admont
ISBN: 978-1-5259-0053-2 paperback
ISBN: 978-1-5259-0054-9 hardcover
ISBN: 978-1-5259-0052-5 eBook

Please note that the Dutch and English versions of the story have been written to be as close as possible. However, in some cases they differ in order to accommodate nuances and fluidity of each language.

Although the author and the publisher have made every effort to ensure the accuracy and completeness of information contained in this book, we assume no responsibility for errors, inaccuracies, omission, inconsistency, or consequences from such information.

Voor degenen van wie ik het meeste hou —S.A.
For those I love the most —S.A.

Morgen was het mama's verjaardag. Het kleine konijntje Jimmy en zijn twee oudere broers fluisterden zachtjes in hun kamer.

Tomorrow was Mom's birthday. The little bunny Jimmy and his two older brothers were whispering in their room.

"Eens denken," zei de oudste broer. "Het cadeau voor mama moet heel speciaal zijn."

"Let's think," said the oldest brother. "The present for Mom should be very special."

"Jimmy, jij hebt altijd goede ideeën," voegde de middelste broer toe. "Wat denk jij?"

"Jimmy, you always have good ideas," added the middle brother. "What do you think?"

"Uhm…" Jimmy begon hard na te denken. Opeens riep hij: "Ik kan haar mijn favoriete speelgoed geven – mijn trein!" Hij pakte de trein uit de speelgoeddoos en liet hem aan zijn broers zien.

"Ahm…" Jimmy started thinking hard. Suddenly he exclaimed, "I can give her my favorite toy — my train!" He took the train out of the toy box and showed it to his brothers.

"Ik denk niet dat mama je trein wil," zei de oudste broer. "We moeten iets anders verzinnen. Iets wat ze heel leuk zal vinden."

"I don't think Mom wants your train," said the oldest brother. "We need another idea. Something that she will really like."

"We kunnen haar een boek geven," schreeuwde de middelste broer blij.

"We can give her a book," screamed the middle brother happily.

"Een boek? Dat is een perfect cadeau voor mama," antwoordde de oudste broer.

"A book? It's a perfect gift for Mom," replied the oldest brother.

"Ja, we kunnen haar mijn favoriete boek geven," zei de middelste broer, terwijl hij naar de boekenplank liep.

"Yes, we can give her my favorite book," said the middle brother as he approached the bookshelf.

"Maar mama houdt van detectives," zei Jimmy droevig, *"en dit boek is voor kinderen."*

"But Mom likes mystery books," said Jimmy sadly, "and this book is for kids."

"Ik denk dat je gelijk hebt," knikte zijn middelste broer. "Wat zullen we doen?"

"I guess you're right," agreed his middle brother. "What should we do?"

De drie konijnenbroertjes zaten rustig te denken, totdat de oudste broer uiteindelijk zei:

The three bunny brothers were sitting and thinking quietly, until the oldest brother finally said,

"Er is maar één ding dat ik kan bedenken. Iets wat we zelf kunnen maken, zoals een kaart."

"There is only one thing that I can think of. Something that we can do by ourselves, like a card."

"We kunnen een miljoen hartjes tekenen," zei de middelste broer.

"We can draw millions of millions of hearts," said the middle brother.

"En dan zeggen we hoeveel we van mama houden," voegde de oudste broer toe.

"And tell Mom how much we love her," added the oldest brother.

Ze werden allemaal heel enthousiast en gingen aan de slag.

They all became very excited and started to work.

De drie konijntjes werkten heel hard. Ze knipten en lijmden, vouwden en schilderden.

Three bunnies worked very hard. They cut and glued, folded and painted.

Jimmy en zijn middelste broer tekenden hartjes en kusjes. Toen ze klaar waren, tekenden ze nog meer hartjes en nóg meer kusjes.

Jimmy and his middle brother drew hearts and kisses. When they finished, they added more hearts and even more kisses.

Daarna schreef de oudste broer in grote letters:
Then the oldest brother wrote in large letters:

"Gefeliciteerd met je verjaardag, mama! We houden zoooooooveel van jou. Je kinderen."

"Happy birthday, Mommy! We love you soooooooo much. Your kids."

De kaart was eindelijk klaar. Jimmy glimlachte.
Finally, the card was ready. Jimmy smiled.

"Ik weet zeker dat mama het leuk zal vinden," zei hij, terwijl hij zijn vieze handen aan zijn broek afveegde.
"I'm sure Mom will like it," he said, wiping his dirty hands on his pants.

"Jimmy, wat doe je?" schreeuwde de oudste broer. "Zie je dan niet dat je handen onder de lijm en verf zitten?"
"Jimmy, what are you doing?" screamed the oldest brother. "Don't you see your hands are covered in paint and glue?"

"O, o ..." zei Jimmy. "Dat had ik niet door. Sorry!"
"Oh, oh..." said Jimmy. "I didn't notice. Sorry!"

"Nu moet mama de was doen op haar eigen verjaardag," voegde de oudste broer toe, terwijl hij Jimmy streng aankeek.

"Now Mom has to do laundry on her own birthday," added the oldest brother, looking at Jimmy strictly.

"Echt niet! Dat laat ik niet gebeuren!" riep Jimmy. "Ik ga de broek zelf wel wassen."

"No way! I won't let this happen!" exclaimed Jimmy. "I'll wash my pants myself."

Samen wasten ze alle verf en lijm uit Jimmy's broek en hingen hem te drogen.

Together they washed all the paint and glue from Jimmy's pants and hung them to dry.

Toen ze terugliepen naar hun kamer, wierp Jimmy een snelle blik in de woonkamer en zag daar hun moeder.

On the way back to their room, Jimmy gave a quick glance into living room and saw their Mom there.

"Kijk, mama slaapt op de bank," fluisterde Jimmy tegen zijn broers.

"Look, Mom is sleeping on the couch," whispered Jimmy to his brothers.

"Ik ga haar mijn deken brengen," zei de oudste broer, die terugrende naar hun kamer.

"I'll bring my blanket," said the older brother who ran back to their room.

Jimmy stond te kijken naar zijn slapende moeder. Op dat moment bedacht hij wat het perfecte cadeau voor hun moeder zou zijn. Hij glimlachte.

Jimmy was standing and looking at his Mom sleeping. In that moment he realized what the perfect gift for their Mom should be. He smiled.

"Ik heb een idee!" zei Jimmy toen de oudste broer terugkwam met een deken.

"I have an idea!" said Jimmy when the oldest brother came back with the blanket.

Hij fluisterde iets in de oren van zijn broers en met een brede glimlach op hun gezicht knikten de drie konijntjes hun hoofden.

He whispered something to his brothers and all three bunnies nodded their heads, smiling widely.

Stilletjes liepen ze naar de bank en dekten hun moeder toe met de deken.

Quietly they approached the couch and covered their Mom with the blanket.

Elk van hen gaf haar zachtjes een kus en fluisterde: "We houden van je, mama."

Each of them kissed her gently and whispered, "We love you, Mommy."

Mama opende haar ogen. "O, ik hou ook van jullie," zei ze, terwijl ze glimlachte en haar zoons knuffelde.

Mom opened her eyes. "Oh, I love you too," she said, smiling and hugging her sons.

De volgende ochtend werden de drie konijnenbroertjes heel vroeg wakker om hun verrassing voor mama voor te bereiden.

The next morning, the three bunny brothers woke up very early to prepare their surprise present for Mom.

Ze poetsten hun tanden, maakten hun bed perfect op en controleerden of al het speelgoed netjes opgeruimd was.

They brushed their teeth, made their beds perfectly and checked that all the toys were in place.

Daarna gingen ze naar de woonkamer om af te stoffen en de vloer schoon te maken.

After that, they headed to the living room to clean the dust and wash the floor.

Vervolgens kwamen ze de keuken binnen.
Next, they came into the kitchen.

"Ik ga mama's favoriete toast met aardbeienjam klaarmaken," zei de oudste broer, "en jij, Jimmy, kan verse sinaasappelsap voor haar maken."
"I'll prepare Mom's favorite toasts with strawberry jam," said the oldest brother, "and you, Jimmy, can make her fresh orange juice."

"Ik breng haar bloemen uit de tuin," zei de middelste broer, die naar buiten ging.
"I'll bring some flowers from the garden," said the middle brother who went out the door.

Toen het ontbijt klaar was, deden de konijntjes de afwas en versierden ze de keuken met bloemen en ballonnen.

When breakfast was ready, the bunnies washed all the dishes and decorated the kitchen with flowers and balloons.

De blije konijnenbroertjes kwamen de kamer van mama en papa binnen en ze hadden de verjaardagskaart, de bloemen en het verse ontbijtje meegebracht.

The happy bunny brothers entered Mom and Dad's room holding the birthday card, the flowers and the fresh breakfast.

Mama zat op bed. Ze glimlachte toen ze haar zoons "Er is er één jarig" hoorde zingen terwijl ze de kamer binnenkwamen.

Mom was sitting on the bed. She smiled as she heard her sons singing "Happy Birthday," while they entered the room.

"We houden van je, mama," schreeuwden ze samen.

"We love you, Mom," they screamed all together.

"Ik hou ook van jullie," zei mama, terwijl ze al haar zoons kuste. "Dit is de beste verjaardag ooit!"

"I love you all too," said Mom, kissing all her sons. "It's my best birthday ever!"

"Je hebt nog niet alles gezien," zei Jimmy en hij knipoogde naar zijn broers. "Kijk maar eens in de keuken en de woonkamer!"

"You haven't seen everything yet," said Jimmy with a wink to his brothers. "You should check the kitchen and the living room!"

www.ingramcontent.com/pod-product-compliance
Lightning Source LLC
Chambersburg PA
CBHW061143070526
44584CB00033B/4408